BIBLE
WORD SEARCH
Collection #1

Compiled and Edited by
Carol Borror Leath

A Barbour Book

Published by Barbour & Company, Inc.
P.O. Box 719
Uhrichsville, Ohio 44683
http://www.barbourbooks.com

 Member of the
Evangelical Christian
Publishers Association

BIBLE
WORD SEARCH
Collection #1

Word Search 1

ADAM AND EVE AND THE
GARDEN OF EDEN

Why did Adam and Eve try to hide from God? Find out
in Genesis 2-3.

BEGUILED	GOOD AND EVIL
BOTH NAKED	HELP MEET
BREATH OF LIFE	HIDDEKEL
CHERUBIM	HID FROM GOD
CURSED	MADE APRONS
DEEP SLEEP	MAN OF DUST
EAST	MOTHER OF ALL LIVING
ENMITY	NOT ASHAMED
EUPHRATES	PISHON
FIG LEAVES	RIB
FLAMING SWORD	SERPENT
FOUR RIVERS	TREE OF LIFE
FRUIT	TREE OF THE KNOWLEDGE
GAVE NAMES	WOMAN
GIHON	

```
M A E B T C B R E A T H O F L I F E
A O D N L E K E D D I H I E U F G U
D G T O M H V S I D J G K W D D A P
E L X H M I T N F O L P Y E E R V H
A Q Z S E N T R R E S A M L T O E R
P U B I E R O Y A V C A W G F W N A
R W D P X M O V Y D H O Z O A S A T
O D R M G B E F E S N C U O D G M E
N E E O A S F K A K G R H D C N E S
S L D I E N A T E L R J T A H I S K
L I N M F N O H N I L E O N E M P G
Q U A C H N T F V R E L S D R A T H
U G M T U F V E D M W I I E U L S X
Y E O Z O R R A P U B J C V B F D T
E B W E F S S L G K S H L I I O M J
D E E P S L E E P K N T L L M N M O
F R U I T H N P D O Q P N O H I G Q
T R E E O F L I F E R B T A S R I B
```

Word Search 2

ALL ABOUT CHURCH

AISLE

ANNOUNCEMENTS

ASSEMBLY

ATTENDANCE

AUDITORIUM

BAPTISM

BIBLE

BRETHREN

CHOIR

CHORUS

CHRISTIAN

COLLECTION PLATE

COMMUNION

CONFESSION

CONGREGATION

DEACON

ELDER

FELLOWSHIP

GOD

"HALLELUJAH!"

HOLY SPIRIT

HYMNAL

INVITATION

JESUS

MEMBER

MINISTER

PEOPLE

PEWS

PRAISE

PRAYER

PREACHER

RELIGION

REPENT

REVIVAL

SALVATION

SCRIPTURES

SERMON

SERVICE

SONGBOOK

SONG LEADER

SUNDAY SCHOOL

TEACHER

VISITORS

WORSHIP

```
A N N O U N C E M E N T S R O T I S I V
S I L J M S I T P A B M P E W S C N K I
S O S O N G L E A D E R P L G Q H D R N
E S L L T M I M A J N U E V O W O X P V
M Y O R E L I G I O N Z Q T A G I B R I
B C O P R E A C H E R R P I H S R O W T
L D H R E F T G S H E E I N J R K T P A
Y L C E P M U A N D O P O Q M R E S R T
T V S B E U W V L P W I X U Y L Z N A I
A H Y M N A L E L P T B I C B D X E I O
F A A E T G K E E A N R H I J Y K R S N
N L D M C L I C V K O O B G N O S E E O
O L N M Z N I L N T P A I Q B L R V R I
I E U P S V A T I U C R E T S I N I M S
N L S V R S W D E A C O N X C Y D V O S
U U Z E U A U A N B E C S U S E J A N E
M J S R D A Y E F E P I H S W O L L E F
M A O F H G S E R U T P I R C S H L I N
O H O L Y S P I R I T T E A C H E R O O
C H R I S T I A N O I T A G E R G N O C
```

Word Search 3

ALL ABOUT GOD

Below are 39 words found in the book of Psalms that describe God. Find them in the puzzle.

ABUNDANT MERCY
 (Psalm 51:1)

BLESSES (Psalm 147:13)

COMPASSIONATE
 (Psalm 78:38)

DELIVERER (Psalm 18:2)

ENDURES FOREVER
 (Psalm 135:13)

FEARED (Psalm 96:4)

FORGIVING (Psalm 86:5)

FORTRESS (Psalm 18:2)

GLORIOUS (Psalm 76:4)

GOODNESS (Psalm 31:19)

GRACIOUS (Psalm 86:15)

HIDING PLACE (Psalm 32:7)

HIGHLY EXALTED
 (Psalm 47:9)

HOLY (Psalm 22:3)

HOPE (Psalm 39:7)

JUDGE (Psalm 7:8)

JUSTICE (Psalm 89:14)

KIND (Psalm 145:17)

KNOWLEDGE (Psalm 139:6)

MAJESTIC (Psalm 8:1)

MIGHTY (Psalm 24:8)

OUR MAKER (Psalm 95:6)

POWERFUL (Psalm 29:4)

PRECIOUS (Psalm 36:7)

REDEEMER (Psalm 19:14)

REFUGE (Psalm 7:1)

RIGHTEOUS (Psalm 11:7)

ROCK (Psalm 18:2)

SANCTUARY (Psalm 73:17)

SLOW TO ANGER
 (Psalm 86:15)

STEDFAST LOVE (Psalm 6:4)

STRENGTH (Psalm 18:1)

SUN (Psalm 84:11)

THE MOST HIGH (Psalm 7:17)

TRUSTWORTHY (Psalm 111:7)

UNDERSTANDING
 (Psalm 147:5)

UPRIGHT (Psalm 33:4)

WONDERFUL (Psalm 139:14)

WONDROUS DEEDS
 (Psalm 40:5)

```
S T R E N G T H G I H T S O M E H T
Y D E L I V E R E R E K A M R U O A
R W E G R A C I O U S S E N D O O G
A O G L O R I O U S B V C S L E P D
U N D E R S T A N D I N G L U C R E
T D E L R E D E E M E R Y O F A E B
C R L F U N V R G R G C J W R L C S
N O W B U F A E I D R H U T E P I T
A U O S L E R G R E U P S O W G O E
S S N D F E H E M O R J T A O N U D
S D K Y N T S T D I F I I N P I S F
E E J L E I N S G N K S C G L D M A
R E N O P A K H E H O P E E Q I O S
T D U H D R T R U S T W O R T H Y T
R S G N I V I G R O F R E F U G E L
O T U H I G H L Y E X A L T E D S O
F B C I T S E J A M I G H T Y U N V
A K C O R C O M P A S S I O N A T E
```

Word Search 4

ANANIAS AND SAPPHIRA

What happened when Peter questioned Ananias and Sapphira about the proceeds of the sale of their property? Find out in Acts 5:1-11.

ANANIAS

APOSTLES' FEET

BROUGHT ONLY PART

BURIED

CARRIED OUT

DIED

FELL DOWN

GREAT FEAR

HEART

HOLY SPIRIT

HUSBAND

KEPT PROCEEDS

LIE

PETER

PIECE OF PROPERTY

SAPPHIRA

SATAN

SOLD

THREE HOURS

WHOLE CHURCH

WIFE

WRAPPED

YOUNG MEN

According to Solomon's proverb, what is in Wisdom's right and left hands?

Long life is in the right and riches and honor are in the left. Proverbs 3:16

```
Y T R E P O R P F O E C E I P
W R H M R T S O L D P G N S V
H A N A T A S I U I R D D A S
O P P Y O U N G M E N E J P Q
L Y V O E K O A A D E I E P A
E L B I S G L T N C X R C H T
C N L Y D T F H O I F U H I U
H O O I L E L R U Z A B E R O
U T W R A P P E D S J S F A D
R H M R Q T K E S U B P I N E
C G R V P X R H T F G A W S I
H U F E L L D O W N E W N Z R
Y O K J T A P U E L B E H D R
I R F C Q E M R H E A R T N A
O B T I R I P S Y L O H D K C
```

Word Search 5

BAPTISM OF JESUS

Find out what happened when John the Baptist baptized Jesus in Matthew 3:13-17.

BAPTIZED

BELOVED SON

CAME FROM GALILEE

HEAVENS OPENED

HOLY SPIRIT

JESUS

JOHN THE BAPTIST

JORDAN

LIKE A DOVE

SAW SPIRIT OF GOD

VOICE FROM HEAVEN

WENT UP FROM WATER

What did John the Baptist eat?

Locusts and wild honey. Matthew 3:4

```
W S A W S P I R I T O F G O D
E L G D E Z I T P A B M H I N
N E V A E H M O R F E C I O V
T O L P I H T I J Q L R K S T
U T L I U M J U N V O W O X I
P Y P Z K A Q K B J V C J D R
F H E A V E N S O P E N E D I
R E R L S F A R G T D H S I P
O J U M V K D D L W S M U N S
M O X N P A Q Y O R O T S U Y
W S Z V N W A O X V N Y B Z L
A B C P V Z W Q D A E C E D O
T S I T P A B E H T N H O J H
E E L I L A G M O R F E M A C
R E F R X A L C K M B Y S G F
```

Word Search 6

BEATITUDES

Locate and loop only the words underlined in these verses found in Matthew 5:3-11 (RSV).

"Blessed are the poor in spirit, for theirs is the kingdom of heaven.
Blessed are those who mourn, for they shall be comforted.
Blessed are the meek, for they shall inherit the earth.
Blessed are those who hunger and thirst for righteousness, for they shall be satisfied.
Blessed are the merciful, for they shall obtain mercy.
Blessed are the pure in heart, for they shall see God.
Blessed are the peacemakers, for they shall be called sons of God.
Blessed are those who are persecuted for righteousness' sake, for theirs is the kingdom of heaven.
Blessed are you when men revile you and persecute you and utter all kinds of evil against you falsely on my account.
Rejoice and be glad, for your reward is great in heaven, for so men persecuted the prophets who were before you."

```
R K I N G D O M E R C I F U L
T I R I P S L N R U O M A M R
N S G R E A T O T B M P L Q D
S T E H P O R P T A F E S S R
D A L G T B L A T H O S E A A
B E F O R E I P O O R E L K W
C O G L X N O E D E T R Y E E
S R I E H T V U K A E U K L R
D E I F S I T A S G D P I B K
E S M C L R M H C N O V N R T
S N E V A E H T H C E D D E S
S O N D C H E R E R O S S T R
E S F A G N H A A I L U S T I
L R E J O I C E R R E G N U H
B P E R S E C U T E D J M T T
```

Word Search 7

BIBLICAL ANIMALS

ANTELOPE	HART
APE	HEDGEHOG
ASP	HORSE
ASS	HYENA
BADGER	LEOPARD
BEAR	LION
CAMEL	LIZARD
CAT	MOLE
CATTLE	MOUSE
CHAMELEON	PYGARG
CHAMOIS	ROEBUCK
CONEY	SCORPION
DOG	SERPENT
DROMEDARY	SHEEP
FERRET	SWINE
FOX	WEASEL
FROG	WHALE
GECKO	WILD BOAR
GOAT	WILD OX
HARE	WOLF

```
D R A P O E L H E D G E H O G
Q R A E B R P S A Y E N O C S
L I O N T G R A G Y P U R V T
C H A M E L E O N M O U S E E
F A N W E X H Y E Z A I E B R
L C T D J D E K L B A D G E R
O F E G L H A I O L U J M L E
W I L D B O A R M K I C L A F
C F O M K N T O Y P A Z K H O
H R P C Q N G O A T R N A W X
A O E S E C T P T U T E V R O
M G W P S S A L E X R N Y P D
O Z R B O A E M C E A I D O L
I E R A H E A N E Y H W G F I
S C O R P I O N G L E S A E W
```

Word Search 8

BIBLICAL BODIES OF WATER

ARABAH	MEDITERRANEAN
DEAD SEA	NILE
ENROGEL	PISHON
EUPHRATES	PLAIN
GIHON	RED SEA
HULEH	SALT
JORDAN	SEA OF GALILEE
KISHON	TIGRIS

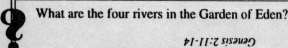

What are the four rivers in the Garden of Eden?

Pishon, Gihon, Tigris, and Euphrates.
Genesis 2:11-14

A	R	A	B	A	H	L	J	O	R	D	A	N
M	A	N	K	U	O	M	E	H	L	P	A	I
Q	N	E	L	R	A	E	S	D	A	E	D	L
S	O	E	S	T	P	F	Q	U	N	V	E	E
W	H	X	R	D	Y	S	Z	A	O	A	U	B
L	C	N	D	T	E	F	R	E	H	G	P	H
E	I	U	O	J	V	R	K	W	I	L	H	M
G	N	X	P	H	E	O	S	Q	G	S	R	K
O	R	Y	U	T	S	I	V	T	W	T	A	I
R	X	Z	I	Y	R	I	Z	A	L	B	T	S
N	C	D	E	G	F	A	P	G	B	A	E	H
E	E	L	I	L	A	G	F	O	A	E	S	O
M	H	T	J	C	G	D	I	P	L	A	I	N

Word Search 9

BIBLICAL CITIES

ACCAD	ENDOR	NOPH
ADORAIM	EPHESUS	PETRA
ANATHOTH	GAZA	ROME
ANTIOCH	GOMORRAH	SAMARIA
ANTIPATRIS	HAM	SARDIS
APOLLONIA	HAMATH	SELA
AROER	HARAN	SELEUCIA
ASHDOD	HEBRON	SHILOH
BABEL	JERICHO	SIDON
BETHEL	JERUSALEM	SMYRNA
BETHLEHEM	KERIOTH	SODOM
CAESAREA	LAODICEA	SUCCOTH
CORINTH	NAIN	THESSALONICA
DAMASCUS	NAZARETH	THYATIRA
DIBON	NEBO	TYRE
DOTHAN	NINEVEH	UR OF THE
EMMAUS	NIPPUR	CHALDEES
		ZOAN

```
H N A B E T H L E H E M H E B R O N
T A N A T H O T H N E M S M Y R N A
H I T J O H K P D L N I A N L Q M Z
Y D I B O N E O A D B A L E S H O A
A N O D I S R S A L A R T E P A M R
T E C T N P U C S G B O E M N R O E
I B H J H R C I Q A E D R M E R Y T
R O A A E A D B N Z L A C A D O E H
A F M J G R N T H A I O J U K M L C
I M A A A N I O H A R A N S P O R A
C Q T S R P S C H E V E N I N G E E
U T H H A O E U H T N I R O C C V S
E A F T T H E A P O L L O N I A B A
L C R H T O I R E K D G E D E M O R
E I T F U A C V N O P H O L I H S E
S M O D O S U C S A M A D O D H S A
W R U P P I N X U Y L E H T E B A Z
U B D E P H E S U S A M A R I A C M
```

Word Search 10

BIBLICAL FRUITS, VEGETABLES,
AND GRAINS

BARLEY	LEEKS
BEANS	LENTILS
CORN	MELON
CUCUMBERS	POMEGRANATE
FIG	RYE
GRAPES	WHEAT

Paul planted the seed, Apollos watered it,
but who made it grow?

God. 1 Corinthians 3:6

22

E	L	E	E	K	S	L	C	A	M	F
Y	T	B	N	D	O	C	O	S	I	E
R	Q	A	S	E	P	A	R	G	F	R
G	J	S	N	H	T	E	N	I	U	L
S	K	Y	W	A	B	A	R	L	E	Y
N	O	L	E	M	R	L	X	N	M	N
A	Z	O	U	A	P	G	T	B	Q	C
E	R	C	D	T	S	I	E	F	E	U
B	U	G	V	J	L	H	W	M	I	X
C	K	Y	M	S	L	Z	A	N	O	B
W	H	E	A	T	C	O	D	P	E	P

Word Search 11

BIBLICAL GEMS AND STONES

AGATE	JACINTH
ALABASTER	LAPIS
AMETHYST	LAZULI
BDELLIUM	LIGURE
BERYL	ONYX
CARBUNCLE	PEARL
CHALCEDONY	RUBY
CHRYSOLITE	SAPPHIRE
CORAL	TOPAZ
EMERALD	

Of the three kings who reigned during the rebuilding of the temple in Jerusalem, who was in power when it was finished—Cyrus, Darius, or Artaxerxes?

Darius. Ezra 6:15

```
A  G  A  T  E  L  O  S  M  Y  N  B
E  L  C  N  U  B  R  A  C  N  P  D
M  Z  A  P  O  T  U  P  Q  O  O  E
E  T  R  B  S  U  B  P  T  D  N  L
R  S  L  V  A  W  Y  H  X  E  Y  L
A  Y  Z  A  L  S  H  I  Y  C  X  I
L  H  A  Y  P  T  T  R  B  L  C  U
D  T  R  D  N  I  E  E  G  A  F  M
H  E  T  I  L  O  S  Y  R  H  C  I
B  M  C  J  L  L  A  R  O  C  K  M
L  A  Z  U  L  I  N  P  A  Q  B  R
J  O  P  E  A  R  L  I  G  U  R  E
```

Word Search 12

BIBLICAL HERBS AND SPICES

ALOE	GARLIC
ANISE	HYSSOP
BALM	LOVE APPLE
CASSIA	MINT
CORIANDER	MUSTARD
CUMMIN	MYRRH
DILL	SAFFRON
FRANKINCENSE	SPIKENARD
GALL	

 If a cheerful heart is good medicine, what does a crushed spirit do?

Dries the bones. Proverbs 17:22

H	A	D	R	A	T	S	U	M	B	H	E
R	C	I	M	J	D	P	K	N	E	S	L
R	E	S	I	N	A	I	F	L	N	G	P
Y	O	D	P	T	Q	K	R	E	S	L	P
M	U	W	N	V	C	E	C	N	L	L	A
C	E	O	L	A	X	N	Y	I	Z	A	E
I	A	D	S	B	I	A	D	M	C	G	V
L	E	S	F	K	G	R	H	M	I	L	O
R	I	B	N	J	M	D	O	U	I	K	L
A	S	A	F	F	R	O	N	C	N	N	O
G	R	L	P	U	X	Z	A	Y	V	Q	T
F	R	M	S	W	T	H	Y	S	S	O	P

Word Search 13

BIBLICAL INSECTS

ANT	GRASSHOPPER
BEE	HORNET
BEETLE	HORSELEECH
CATERPILLAR	LICE
CRICKET	LOCUST
FLEA	MOTH
FLY	PALMERWORM
GNAT	WORM

This servant of Saul's told David that Saul was survived by a son named Mephibosheth. Who was he?

Ziba. 2 Samuel 9:3

R	A	L	L	I	P	R	E	T	A	C
H	E	B	E	E	L	M	S	F	N	R
O	C	P	O	Q	I	U	P	L	R	I
R	S	E	P	T	C	U	W	E	Y	C
N	V	X	E	O	E	M	L	A	L	K
E	U	A	L	L	H	T	O	Z	F	E
T	W	O	R	M	E	S	B	T	C	T
D	G	A	H	E	I	S	S	E	H	F
J	N	K	B	L	O	M	R	A	N	P
T	P	A	L	M	E	R	W	O	R	M
T	A	N	G	Q	S	U	T	R	H	G

Word Search 14

BIBLICAL MEN AND WOMEN
WHOSE NAMES BEGIN WITH
THE LETTER "A"

AARON	AMOS
ABEDNEGO	AMRAM
ABEL	ANANIAS
ABIATHAR	ANDREW
ABRAHAM	ANNA
ABSALOM	ANNAS
ADAM	APOLLOS
ADONIJAH	AQUILA
AGABUS	ARCHELAUS
AHAB	ARCHIPPUS
AHASUERUS	ARISTARCHUS
AHAZ	ARTAXERXES
AHAZIAH	ARTEMAS
AHIJAH	ASA
AHIMELECH	ATHALIAH
AMAZIAH	AUGUSTUS CAESAR
AMON	

```
A G A B U S U A L E H C R A A
A B I A T H A R M A R M A R H
R A S H A J I N O D A L A C A
O H M A T H A L I A H S N H Z
N I O S L O A N D R E W P I I
S J G U A O B A H A D A Q P A
E A E E N O M A C A S C L P H
X H N R D O I S L A M E O U C
R N D U S Z U I M O F L P S E
E A E S A T U E G A L E H Q L
X S B M S Q T R I O H B S J E
A A A U A R T K S U A A V L M
T M G N A N W Z A H A O R P I
R U X A N A N I A S Y A Z B H
A R I S T A R C H U S A N N A
```

Word Search 15

BIBLICAL MEN AND WOMEN
WHOSE NAMES BEGIN WITH
THE LETTER "B"

BAASHA

BALAAM

BARABBAS

BARAK

BARNABAS

BARTHOLOMEW

BARTIMAEUS

BATHSHEBA

BELSHAZZAR

BENJAMIN

BOAZ

 Of course, Jacob had 12 sons, but who was his only daughter?

Dinah. Genesis 34:1

```
B  A  R  T  I  M  A  E  U  S  A
E  A  H  S  A  A  B  L  B  M  C
L  N  R  D  O  E  O  P  F  A  Q
S  S  G  T  R  H  A  S  B  I  T
H  A  J  U  H  K  Z  E  A  V  L
A  B  W  M  X  O  H  N  L  Y  K
Z  A  O  Z  P  S  L  B  A  Q  A
Z  N  C  R  H  D  S  O  A  E  R
A  R  U  T  F  T  G  V  M  I  A
R  A  A  N  I  M  A  J  N  E  B
W  B  A  R  A  B  B  A  S  B  W
```

Word Search 16

BIBLICAL MEN AND WOMEN
WHOSE NAMES BEGIN WITH
THE LETTER "C"

CAESAR

CAIAPHAS

CAIN

CALEB

CARPUS

CLEOPAS

CORNELIUS

CRISPUS

CYRUS

 Saul had a son named Jonathan, of course. But can you name his four other children?

Ishvi, Malki-Shua, Merab, and Michal.
1 Samuel 14:49

L	C	A	I	A	P	H	A	S
C	C	A	E	S	A	R	U	A
A	M	A	H	P	N	I	O	P
R	I	Q	L	J	L	K	R	O
P	L	S	N	E	M	T	O	E
U	P	U	N	Q	B	V	N	L
S	U	R	Y	C	R	W	I	C
X	O	S	Y	T	Z	U	A	B
C	R	I	S	P	U	S	C	V

Word Search 17

BIBLICAL MEN AND WOMEN
WHOSE NAMES BEGIN WITH
THE LETTER "D"

DAN

DANIEL

DAVID

DEBORAH

DELILAH

DEMETRIUS

DORCAS

DRUSILLA

Which "Marys" were at the cross?

Mary, Jesus' mother; Mary Magdalene; Mary, James'
mother; and Mary, Cleopas' wife.
Mark 15:40; John 19:25

36

```
B   D   L   C   D   A   V   I   D

M   E   E   D   O   E   N   E   R

P   L   F   B   Q   G   M   R   U

D   I   S   H   O   E   T   I   S

O   L   J   U   T   R   K   V   I

R   A   L   R   W   M   A   X   L

C   H   I   D   A   N   Y   H   L

A   U   Z   N   A   P   B   O   A

S   Q   L   E   I   N   A   D   C
```

Word Search 18

BIBLICAL MEN AND WOMEN
WHOSE NAMES BEGIN WITH
THE LETTER "E"

EBED-MELECH	EPHRAIM
ELAH	ERAPHRODITUS
ELAM	ERASTUS
ELEAZER	ESAU
ELI	ESTHER
ELIJAH	EUNICE
ELIMELECH	EUODIAS
ELISABETH	EUTYCHUS
ELISHA	EVE
ENOCH	EZEKIEL
ENOS	EZRA
EPAPHRAS	

To whom was 3 John addressed?

Gaius, John's friend.
3 John 1

E	L	A	M	E	U	T	Y	C	H	U	S
L	B	S	O	N	E	R	A	S	T	U	S
A	C	E	Z	E	K	I	E	L	T	D	A
H	F	E	D	G	A	H	S	I	L	E	R
T	E	S	A	M	C	B	D	H	E	I	H
E	L	T	A	O	E	O	C	U	L	M	P
B	E	H	N	I	R	L	N	J	I	D	A
A	A	E	K	H	D	I	E	A	J	L	P
S	Z	R	P	M	C	O	R	C	A	E	E
I	E	A	N	E	F	H	U	G	H	S	Z
L	R	E	V	E	P	I	L	E	O	A	R
E	L	I	M	E	L	E	C	H	P	U	A

Word Search 19

BIBLICAL MEN AND WOMEN
WHOSE NAMES BEGIN WITH
THE LETTER "G"

GAD

GAIUS

GALLIO

GAMALIEL

GERSHOM

GIDEON

GOLIATH

Who is the father of lies?

The devil. John 8:44

L	T	G	I	D	E	O	N
U	E	V	A	W	I	X	N
Y	B	I	Z	L	G	C	O
G	G	O	L	I	A	T	H
A	D	A	P	A	D	Q	S
I	G	E	S	R	M	F	R
U	T	G	V	H	U	A	E
S	M	O	H	S	R	E	G

Word Search 20

BIBLICAL MEN AND WOMEN
WHOSE NAMES BEGIN WITH
THE LETTER "H"

HABAKKUK	HAZAEL
HAGAR	HEROD
HAGGAI	HEZEKIAH
HAM	HIRAM
HAMAN	HOSEA
HANNAH	HULDAH

What is the last word in the Bible?

Amen. Revelation 22:21

H	A	H	A	D	L	U	H	L
A	E	A	E	S	O	H	K	B
M	C	Z	M	D	N	U	O	H
H	E	A	E	P	K	N	F	A
A	Q	E	G	K	R	A	H	G
N	S	L	A	T	I	M	I	A
N	J	B	H	I	R	A	M	R
A	A	D	O	R	E	H	H	U
H	A	G	G	A	I	K	V	L

Word Search 21

BIBLICAL MEN AND WOMEN
WHOSE NAMES BEGIN WITH
THE LETTER "J"

JACOB	JEZEBEL
JAIRUS	JOAB
JAMES	JOANNA
JAPHETH	JOASH
JASON	JOB
JEHOAHAZ	JOCHEBED
JEHOIADA	JOEL
JEHOIAKIM	JOHN THE APOSTLE
JEHOIACHIN	JOHN THE BAPTIST
JEHORAM	JONAH
JEHOSHAPHAT	JONATHAN
JEHU	JOSEPH
JEPHTHAH	JOSHUA
JEREMIAH	JOSIAH
JEROBOAM	JOTHAM
JESSE	JUDAH
JETHRO	JUDAS

```
J  E  H  O  S  H  A  P  H  A  T  B  O  C  A  J
E  O  A  J  A  J  E  H  U  L  B  J  E  S  S  E
H  R  H  M  O  C  A  H  D  N  L  E  O  T  J  H
O  H  T  N  E  S  S  P  A  N  F  O  S  G  A  O
I  T  H  M  T  O  I  H  H  P  H  I  Q  I  I  I
A  E  P  A  J  H  T  A  R  E  T  J  M  L  R  A
C  J  E  H  T  A  E  K  H  P  T  E  A  E  U  D
H  U  J  T  N  M  V  A  A  W  R  H  R  O  S  A
I  J  N  O  J  O  A  B  P  E  Y  P  O  J  A  Z
N  O  J  J  C  R  E  O  J  O  N  A  H  Q  D  A
O  B  O  S  P  H  A  D  U  J  S  T  E  J  U  H
S  U  A  Q  T  V  E  R  W  A  C  T  J  A  J  A
A  B  S  N  S  L  E  B  E  Z  E  J  L  M  D  O
J  E  H  P  E  S  O  J  E  F  U  H  V  E  G  H
J  O  A  N  N  A  I  W  L  D  J  X  M  S  K  E
J  E  H  O  I  A  K  I  M  A  O  B  O  R  E  J
```

Word Search 22

BIBLICAL MEN AND WOMEN
WHOSE NAMES BEGIN WITH
THE LETTER "M"

MACHIR	MELCHIZEDEK
MAGOG	MENAHEM
MAHLON	MEPHIBOSHETH
MALACHI	MESHACH
MALCHUS	METHUSELAH
MANASSEH	MICAH
MARK	MICHAL
MARSENA	MIDIAN
MARTHA	MIRIAM
MARY	MOAB
MARY MAGDALENE	MORDECAI
MATTHEW	MOSES
MATTHIAS	

```
M E P H I B O S H E T H Q U M
E R W E H T T A M S V X T A E
L M A L C H U S W M B Z R E T
C E Y B A Z A L D M C Y I M H
H S E M L M I R I A M R H A U
I H O A A I P C H A A A C H S
Z A I R M C A J G S R M A L E
E C C S L H U D M V T N M O L
D H O E X A A P Y R H Q Z N A
E A S N D L B M A N A S S E H
K T D A E R U E O M O A B D G
V G Z N W H O A X S I J Y E O
K M E N A H E M B L E C M P G
D N K R A M F Q E R O S G P A
M I D I A N H S A I H T T A M
```

Word Search 23

BIBLICAL MEN AND WOMEN
WHOSE NAMES BEGIN WITH
THE LETTER "N"

NAAMAN	NATHAN
NABOTH	NATHANAEL
NADAB	NEBUCHADNEZZAR
NAHASH	NECHO
NAHOR	NEHEMIAH
NAHUM	NICANOR
NAOMI	NICODEMUS
NAPHTALI	NOAH

The Book of Philemon is a post card from Paul
to Philemon. On whose behalf was it written?

Onesimus, Philemon's runaway servant.
Philemon 10

48

```
N A P H T A L I A N A H O R
B E H K N P C N I L O D A O
N A H A S H E A J M F Z G N
Q Y F E R Z G D S A Z T B A
U C H J M V D A W E I E X C
S K R W Z I L B N M S N T I
U N U X A O A D P V Y A Q N
M N A O M I A H B H K H C A
E D I L Q H E J O F N U G H
D M R T C N T H O A P M S T
O U A U V B C O M W N C X A
C Y B D G E Z A B E H O F N
I E I R N J A O S A K P A L
N A T H A N A E L M N Q N H
```

Word Search 24

BIBLICAL MEN AND WOMEN
WHOSE NAMES BEGIN WITH
THE LETTER "S"

SALOME	SHALLUM
SAMSON	SHALMANESER
SAMUEL	SHEM
SARAH	SILAS
SAUL	SIMON
SENNACHERIB	SOLOMON
SHADRACH	STEPHEN

Of the 12 spies who were sent to explore Canaan, which two gave invasion a thumbs up?

Joshua and Caleb. Numbers 14:6-9

R	S	A	L	O	M	E	L	W	J	B
E	A	S	M	X	H	N	O	M	I	S
S	M	S	O	N	S	S	Y	R	S	I
E	S	H	O	L	A	A	E	Z	A	K
N	O	E	P	L	O	H	M	A	U	M
A	N	M	I	Q	C	M	B	U	L	U
M	R	S	C	A	L	P	O	R	E	L
L	S	O	N	S	D	M	S	N	Q	L
A	T	N	E	H	P	E	T	S	E	A
H	E	F	N	T	U	S	A	R	A	H
S	H	A	D	R	A	C	H	V	G	S

Word Search 25

BIBLICAL MEN AND WOMEN
WHOSE NAMES BEGIN WITH
THE LETTER "T"

TAMAR	TIMAEUS
TEBAH	TIMOTHY
TERAH	TIRHAKAH
THADDAEUS	TITUS
THOMAS	TROPHIMUS
TIGLATH	TUBAL

How many sons did Gideon have?

71. Judges 8:30, 31

52

T	I	R	H	A	K	A	H	L	T
I	S	T	I	M	A	E	U	S	A
G	M	U	U	B	H	N	U	P	M
L	V	B	E	N	C	M	I	O	A
A	D	A	W	A	I	O	J	T	R
T	E	L	P	H	D	X	K	E	S
H	Y	M	P	L	Q	D	F	R	U
T	H	O	M	A	S	R	A	A	T
S	R	Z	G	T	E	B	A	H	I
T	I	M	O	T	H	Y	T	A	T

Word Search 26

BIBLICAL MEN AND WOMEN
WHOSE NAMES BEGIN WITH
THE LETTER "Z"

ZAAVAN	ZEBADIAH
ZABAD	ZEBEDEE
ZABBAI	ZEBINA
ZABBUD	ZEBUDAH
ZABDI	ZEBUL
ZABDIEL	ZEBULUN
ZACCHAEUS	ZECHARIAH
ZACCHUR	ZEDEKIAH
ZACHARIAS	ZEPHANIAH
ZACHER	ZERAH
ZADOK	ZERUBBABEL
ZAHAM	ZIMRI
ZALMON	ZIPPORAH
ZALMUNNA	ZOPHAR
ZATTU	ZORAH
ZAZA	ZUR

```
Z E C H A R I A H R E H C A Z
E E I D B A Z N U L U B E Z E
D A R L Z N Y R E G S L P S B
E I U U A B O I A A Z A Z A U
K R H B B C D P I H A R O Z D
I M C E B B D R Q Z P K H Z A
A I C Z A E A Z I P P O R A H
H Z A Z I H F B R E A D Z A A
A G Z S C B I R E M N A Q V I
I H Z A H A M D H L O Z T A N
D A Z I U C E Z A L M U N N A
A R D U B B A Z J V L R D J H
B E K W E Z E B I N A E N N P
E Z F Z A B A D L X Z K O Z E
Z A C C H A E U S M U T T A Z
```

Word Search 27

BIBLICAL MOUNTAINS

ATLAS	NEBO
EBAL	OLIVE
EPHRAIM	PISGAH
GERIZIM	SEIR
GILBOA	SINAI
GILEAD	TABOR
HERMON	TAURUS
HOR	ZAGROS
HOREB	ZION

Who said, "I see people; they look like trees walking around?"

A blind man who Jesus healed. Mark 8:24

G	I	L	B	O	A	I	B	J	H
I	E	P	H	R	A	I	M	O	P
L	B	R	C	N	L	P	R	O	I
E	A	L	I	Z	Q	D	S	L	S
A	L	S	E	Z	A	V	A	I	G
D	T	R	I	M	I	G	F	V	A
S	U	O	G	N	O	M	R	E	H
E	N	B	E	R	O	H	I	O	N
I	H	B	O	T	A	U	R	U	S
R	O	B	A	T	S	A	L	T	A

Word Search 28

BIBLICAL MUSICAL INSTRUMENTS

CITHERN

CORNET

CYMBALS

HARP

LUTE

LYRE

PIPE ORGAN

PSALTERY

TIMBREL

TRUMPET

 Who said, "What is man that you are mindful of him?"

David. Psalm 8:4

H	D	C	I	T	H	E	R	N
Y	A	O	L	M	E	T	A	S
R	F	R	N	Y	U	G	L	A
E	O	N	P	G	R	A	E	V
T	H	E	W	O	B	E	R	P
L	U	T	E	M	I	Q	B	X
A	J	P	Y	R	Y	B	M	D
S	I	C	S	K	C	E	I	Z
P	T	E	P	M	U	R	T	L

Word Search 29

BIBLICAL PLANTS AND SHRUBS

BOX

BROOM

BULRUSH

CAMPHIRE

GOURD

HEMLOCK

HENNA

MYRTLE

PAPYRUS

RUSH

THISTLE

The tree of the knowledge of good and evil was the downfall of Adam and Eve, as we well know. What was the name of the other symbolic tree in Eden?

The tree of life. Genesis 2:9

H	E	M	L	O	C	K	D	A
S	E	Y	E	R	M	T	N	T
U	F	R	N	U	X	N	S	H
R	O	T	I	S	E	G	U	I
L	H	L	P	H	U	Y	R	S
U	Q	E	V	I	P	Z	Y	T
B	J	B	R	O	O	M	P	L
D	R	U	O	G	K	R	A	E
L	S	W	A	X	C	B	P	C

Word Search 30

BIBLICAL TREES

ACACIA	OAK
ALMOND	OIL
BALSAM	OLEASTER
BOX	PALM
CEDAR	PINE
CHESTNUT	PLANE
CYPRESS	SHITTAH
EBONY	SYCAMINE
ELM	SYCAMORE
FIG	TEIL
FIR	TEREBINTH
HOLM	WILD OLIVE
JUNIPER	WILLOW
MULBERRY	

W	I	L	L	O	W	K	A	O	C	B	O
A	I	C	A	C	A	L	G	Y	H	L	I
B	A	L	S	A	M	I	P	X	E	I	L
N	E	V	D	O	F	R	O	A	S	E	Z
S	O	B	N	O	E	B	S	M	T	T	W
Y	J	D	O	S	L	T	P	U	N	P	H
C	U	Q	S	N	E	I	X	L	U	I	A
A	N	M	Y	R	Y	R	V	B	T	N	T
M	I	L	H	T	N	I	B	E	R	E	T
I	P	A	O	C	E	D	A	R	L	S	I
N	E	P	L	A	N	E	T	R	I	M	H
E	R	O	M	A	C	Y	S	Y	U	F	S

Word Search 31

BIBLICAL WEIGHTS
AND
MEASURES OF CAPACITY

BATH	KAH
BEKA	LETHECH
COR	LOG
CUBIT	MINA
EPHAH	OMER
GERAH	PIM
HIN	SEAH
HOMER	SHEKEL
ISSARON	TALENT

Who owns the cattle on 1,000 hills?

God. Psalm 50:10

L	E	T	H	E	C	H	A	R
E	O	C	O	R	A	B	J	E
K	T	G	B	R	A	N	I	M
E	I	A	E	E	O	C	H	O
H	B	G	L	R	K	T	D	R
S	U	E	A	E	A	A	H	E
F	C	S	H	B	N	P	I	M
K	S	E	A	H	G	T	N	O
I	H	L	K	E	P	H	A	H

Word Search 32

BIRTH OF ISAAC

Who was Isaac's mother and why was she called
the "mother of nations?" Find out in Genesis 17:15-21,
Genesis 18:10-14, and Genesis 21:1-8.

ABRAHAM   ISAAC

BORE SON   LAUGHTER

CHILD GREW   MOTHER OF NATIONS

CONCEIVED   NINETY YEARS OLD

COVENANT   OLD AGE

EIGHT DAYS OLD   SARAH

GREAT FEAST   WEANED

HUNDRED YEARS OLD   WIFE

IN THE SPRING

What was the name of Ruth's sister-in-law?

Orpah, Ruth 1:4

66

```
B N I N E T Y Y E A R S O L D
V F O E Y I M T N C I D K L W
P G F S N A T N A N E V O C D
B I I O E V L E Y X J S M H L
W J N F O R U A P L R U Z B O
M O T H E R O F N A T I O N S
E T H C G D M B E U S D L C Y
O K E S O A F Y Q G H K D H A
N R S I H N D M W H J D A L D
H O P A Z E C R Q T V E G U T
A Y R W R L P E C E S N E B H
R B I D C A A S I R D A R H G
A X N F Z X E I E V T E G J I
S U G C H I L D G R E W C A E
H T S A E F T A E R G D G K A
```

Word Search 33

BIRTH OF JESUS

ANGEL

BABE

BEAR A SON

BETROTHED

BORN IN BETHLEHEM

CHRIST THE LORD

DEATH OF HEROD

DREAM

FLEE TO EGYPT

FLOCK

FRANKINCENSE

GIFTS

GOLD

GOOD NEWS

GREAT JOY

HEROD THE KING

HOLY SPIRIT

JESUS

JOSEPH

KING OF THE JEWS

MANGER

MARY

MYRRH

NAZARETH

NIGHT

NO PLACE IN INN

REJOICED

SAVIOR

SHEPHERDS

SON OF GOD

STAR IN THE EAST

SWADDLING CLOTHS

VIRGIN

WARNED

WIFE

WISE MEN

WITH CHILD

WORSHIP

```
B L H N O P L A C E I N I N N A B E
M O E M A N G E R A C T H G I N W B
C H R I S T T H E L O R D F E G I A
N O O N D G I D O G F O N O S E F B
E L D V I R G I N Y K O J H N L E K
K Y T H W N D L O G C P T J E S U S
I S H P A Q B J L H O O M E C T M D
N P E I R O T E P R L N T D N F Y O
G I K H N A W E T C F O S E I I R R
O R I S E O S I G H E T M C K G R E
F I N R D O S N T G L A U I N O H H
T T G O J M I A Y H E E V O A O N F
H W P W A L U P R R C Y H J R D E O
E V X R D Z T Q D A B H A E F N M H
J R Y D E H T O R T E B I R M E E T
E N A Z A R E T H Y S B W L C W S A
W W R O I V A S H E P H E R D S I E
S T A R I N T H E E A S T Z T X W D
```

Word Search 34

BIRTH OF MOSES

How did Moses become Pharaoh's daughter's son, and why did she name him Moses? Find out in Exodus 2:1-10.

BABE WAS CRYING	HOUSE OF LEVI
BASKET	NURSE
BATHE AT THE RIVER	PHARAOH'S DAUGHTER
BITUMEN AND PITCH	REEDS
BULRUSHES	RIVER'S BRINK
FETCH	SENT MAID
GOODLY CHILD	SISTER
HEBREW	TOOK PITY ON HIM
HID THREE MONTHS	WAGES

Who succeeded Solomon as King of Israel?

Rehoboam, his son. 2 Chronicles 9:31

70

```
S H T N O M E E R H T D I H K R
U T S Q D I A M T N E S G M E E
R W O Y A E V C G I K N O T D V
M I S O U Q R E T S I S H O L I
W C V Y K E K F L Y M G I A I R
S O U E Q P W A R F U C Y S H E
E G T K R E I C M A O W I E C H
H O E Q U S S T D S A E W S Y T
S X K Z C A B S Y G B R S R L T
U V S A W T H R E O R B N U D A
R F A E J O L S I P N E H N O E
L N B T A X B D Z N V H R P O H
U A V R X B F J L H K D I Z G T
B Z A B F J N P T R L H D M X A
V H C T I P D N A N E M U T I B
P T R E E D S P N R F E T C H L
```

Word Search 35

BOOKS OF THE BIBLE BY CATEGORY
(in the order they appear in the Bible)

THE LAW

HISTORY (OLD TESTAMENT)

POETRY

MAJOR PROPHETS

MINOR PROPHETS

THE GOSPELS

HISTORY (NEW TESTAMENT)

PAULINE LETTERS

GENERAL LETTERS

PROPHECY

Recite Hezekiah 3:17.

Hezekiah was a king, not a book.

```
P  O  E  T  R  Y  E  K  O  M  I  G  A  G
R  A  C  Q  W  S  A  E  C  Y  S  U  S  E
O  I  U  H  I  S  T  O  R  Y  L  T  G  N
P  Q  M  L  U  Y  C  A  W  S  E  O  K  E
H  E  S  G  I  K  O  U  Q  H  P  M  I  R
E  I  Y  C  K  N  G  I  P  E  S  A  W  A
C  O  S  Q  S  U  E  O  Y  A  O  W  M  L
Y  L  N  T  V  X  R  L  Z  T  G  R  P  L
V  B  F  J  O  P  H  D  E  Z  E  X  T  E
B  H  L  F  R  R  N  R  P  T  H  J  D  T
L  P  T  O  X  Z  Y  V  R  N  T  J  H  T
D  B  J  T  H  E  L  A  W  F  Z  E  X  E
B  A  F  J  N  R  V  T  P  L  H  D  R  R
M  I  N  O  R  P  R  O  P  H  E  T  S  S
```

Word Search 36

BOOKS OF THE NEW TESTAMENT
(in the order they appear in the Bible)

MATTHEW

MARK

LUKE

JOHN

ACTS

ROMANS

CORINTHIANS (1&2)

GALATIANS

EPHESIANS

PHILIPPIANS

COLOSSIANS

THESSALONIANS (1&2)

TIMOTHY (1&2)

TITUS

PHILEMON

HEBREWS

JAMES

PETER (1&2)

JOHN (1, 2 &3)

JUDE

REVELATION

```
T I M O T H Y N T P R E T E P
Z H F H I W V B R D X N H O J
E J E N T R E V T P O L P P A
P A G S U E C H K I M O H I M
H Q S W S Y U A T E C I I G E
E J N T L A P A R T L V L Y S
S N A I T A L A G E A E I G N
I A H Z J E M O M S C M P I A
A W D F V L B O N O K N P X I
N K Q E M J N A S I M O I U S
S J R B U D M F L H A Z A X S
R O T D V O N P L U R N N J O
B H E B R E W S D F K H S U L
Y N A E C Q A C T S Q E K G O
S U W O S N A I H T N I R O C
```

Word Search 37

BOOKS OF THE OLD TESTAMENT
(in the order they appear in the Bible)

GENESIS	SONG OF SOLOMON
EXODUS	ISAIAH
LEVITICUS	JEREMIAH
NUMBERS	LAMENTATIONS
DEUTERONOMY	EZEKIEL
JOSHUA	DANIEL
JUDGES	HOSEA
RUTH	JOEL
SAMUEL (1&2)	AMOS
KINGS (1&2)	OBADIAH
CHRONICLES (1&2)	JONAH
EZRA	MICAH
NEHEMIAH	NAHUM
ESTHER	HABAKKUK
JOB	ZEPHANIAH
PSALMS	HAGGAI
PROVERBS	ZECHARIAH
ECCLESIASTES	MALACHI

```
S E T S A I S E L C C E B F K D J
E O B A D I A H I E Z E K I E L O
L R N C G E M I C A H U N H K J E
C U L G E N E S I S K G R N T P L
I T O J O B M Q S K S S U D O X E
N H T X C F V H A I N A H P E Z A
O J U D G E S B D O S U A R W E Y
R B I Y F G A O I E R Z I O N C M
H A H K C H E T L M E F M V A H O
C D C S M L A S P O B J E E H A N
S H A G L T M I E H M B H R U R O
A O L T N X O J M V U O E B M I R
M S A E W Z S O Y E N H N S U A E
U E M R E H T S E H R L A N J H T
E A I S A I A H K M L E I N A D U
L E V I T I C U S I A G J E O C E
D I H I A G G A H B E Z R A F J D
```

Word Search 38

BURNING BUSH

Find out what happened to Moses when he came to Horeb, the mountain of God in Exodus 3:1-15.

AFFLICTION OF PEOPLE	"I AM WHO I AM"
AFRAID	JETHRO
ANGEL	MIDST OF A BUSH
BRING FORTH	MILK AND HONEY
BURNING	MOSES
DELIVER	MOUNTAIN OF GOD
EGYPT	PUT OFF SHOES
FATHER-IN-LAW	SEND TO PHARAOH
FLAME OF FIRE	SIGN
FLOCK	SUFFERING
GOOD AND BROAD LAND	WEST SIDE
HID HIS FACE	WILDERNESS
HOLY GROUND	
HOREB	

```
A L N H S U B A F O T S D I M P S R
F F A T H E R I N L A W Q T O E V E
R U F R W O Y A E G I C O M U D F V
A H O L Y G R O U N D X D B N I Z I
I M H N I T P E B W L H R A T S J L
D I K U M C Q X B U T O L S A T V E
G L A O R H T E J R R D C N I S F D
N K D G K J H I O E A N G B N E E I
I A L S O R V F O O T E I N O W R H
R N P S U X G M R N L S W N F Q I I
E D Y E A N E B S M O S E S G C F D
F H D N I B D G I J H F I F O Z F H
F O T R W N B H G D V E P Y D A O I
U N B E A G U C N K J X F E I Z E S
S E N D T O P H A R A O H L O N M F
O Y O L M S E O H S F F O T U P A A
T O P I A M W H O I A M W V Y R L C
G S X W Z E G Y P T U Q K C O L F E
```

Word Search 39

CAIN AND ABEL

Find out why Cain killed his brother Abel in
Genesis 4:1-16.

ADAM	FUGITIVE
"AM I MY BROTHER'S KEEPER?"	KEEPER OF SHEEP
ANGRY	LAND OF NOD
BLOOD	NO REGARD FOR CAIN
CAIN KILLED ABEL	OFFERING OF FRUIT
COUNTENANCE FELL	PUNISHMENT
CRYING	REGARD FOR ABEL
CURSED	SEVENFOLD
EAST OF EDEN	TILLER OF THE GROUND
EVE	TWO BROTHERS
FIELD	VENGEANCE
FIRSTLINGS OF FLOCK	WANDERER

```
T N M L L E F E C N A N E T N U O C R
I I B P T W A Y R E V E N X B Z V E S
U A L E B A R O F D R A G E R O P A K
R C O L A N D O F N O D Q U S E E S C
F R O C E J F P M P E R T I E O E T O
F O D G K R N S Q U G D H K V L H O L
O F U A L C O W G N Y E S K E I S F F
G D X D R V H F I I B R J F N Z F E F
N R M P V E O Y T S E W A Q F W O D O
I A T W O B R O T H E R S R O V R E S
R G Y N C C S E T M E X T Z L E E N G
E E A H K U F O D E J G C M D N P E N
F R D L G O R S B N I N R T P G E Q I
F O R V X B T S U T A Y C O B E E F L
O N W S Y Z F I E L D W D A U A K E T
L S Q M W U R A Y D O T B X V N Z N S
C A I N K I L L E D A B E L M C D P R
B M A D A E P J H M O K D R F E T L I
A N G R Y I N C G Q S E V I T I G U F
```

Word Search 40

CHRISTIAN VIRTUES
AND CHARACTER

CLEANLINESS (2 Corinthians 7:1)

CONSECRATION (Romans 12:1-2)

CONTENTMENT (1 Timothy 6:6)

COURAGE (Psalm 27:14)

DILIGENCE (Romans 12:11)

DUTY (Luke 20:21-25)

ENDURANCE (James 1:12)

FAITH (Romans 1:17)

FRUITFULNESS (John 15:1-8)

GODLINESS (Titus 2:11-14)

HAPPINESS (Matthew 5:3-12)

HOLINESS (1 Peter 1:13-16)

HONOR TO PARENTS (Matthew 15:4)

LOVE (Luke 10:27)

OBEDIENCE (John 14:15-24)

PATIENCE (1 Timothy 6:11)

PEACEFULNESS (John 14:27)

PERSEVERANCE (Romans 12:21)

PURE THINKING (Philemon 4:8)

RESOLUTION (Ephesians 6:10-18)

RIGHTEOUSNESS (Matthew 6:33)

STEDFASTNESS (1 Corinthians 15:58)

STEWARDSHIP (1 Corinthians 4:2)

TEMPERANCE (1 Thessalonians 5:6-8)

TRUST (Psalm 37:3-5)

ZEAL (Titus 2:14)

```
S C E A C O N S E C R A T I O N
T P U R E T H I N K I N G S B D
E F E G A R U O C S G E G S E B
D N F A I T H I S K H C T E D L
F T D H C L A E Z E T N E N I J
A R D U M E N Q C O E E C I E C
S U U N R I F N P R O G N L N O
T S T I L A A U A S U I A N C N
N T Y D T R N P L R S L R A E T
E U O E E F O C T N N I E E C E
S G V P V T U X E W E D V L N N
S Y M A R O C L F G S S E C E T
B E Z O H O L I N E S S S D I M
T H N H A P P I N E S S R J T E
N O I T U L O S E R S K E M A N
H P I H S D R A W E T S P L P T
```

Word Search 41

CHRIST'S THREE TEMPTATIONS

The devil tempted Jesus three times while he was in the wilderness. Find out what happened in Matthew 4:1-11.

ANGELS	MOUNTAIN
BREAD	MOUTH OF GOD
"CAST THYSELF DOWN"	PINNACLE
CHARGE	PROCEEDETH
COMMAND	SATAN
DEVIL	SERVE
FASTED	SON OF GOD
FORTY DAYS	STONES
FORTY NIGHTS	TEMPLE
GLORY	TEMPTED
HANDS	WILDERNESS
HOLY CITY	WORD
JESUS	WORLD
KINGDOMS	WORSHIP
LORD THY GOD	WRITTEN

```
C A E F A S T E D C S U S E J
O A W O R S H I P F T H I G D
M N S R B D O G F O H T U O M
M G J T E M P T E D G L S G N
A E M Y T N A T A S I E E L K
N L O D E H Q V S U N T R O E
D S Y A M R Y E S O Y P V R L
N M T Y P U N S T W T X E Y C
E O I S L R V S E B R E A D A
T D C Y E D E V I L O A E C N
T G Y D G Z S O N O F G O D N
I N L O R D T H Y G O D F B I
R I O D A H T E D E E C O R P
W K H I H A N D S D L R O W G
D R O W C H J M O U N T A I N
```

Word Search 42

CLEANSING OF THE TEMPLE

"It is written, 'My house is the house of prayer': but ye have made it a den of thieves." What were the people doing when Jesus entered the temple in Luke 19:45-46?

ALL THE PEOPLE   SCRIBES

BOUGHT   SOLD

CAST OUT   SOUGHT TO DESTROY

CHIEF PRIESTS   TAUGHT DAILY

DEN OF THIEVES   TEMPLE

HOUSE OF PRAYER   VERY ATTENTIVE

JESUS

 What were the names of Job's three "friends?"

Eliphaz, Bildad, and Zophar. Job 2:11

```
L P R N T A U G H T D A I L Y
E L P O E P E H T L L A S O M
T X H A E G Z J V O C Q R E C
C F B O I U D E H W A T J V Y
H K P W U R M S Y O S T A I B
I S U N Z S L U V E T X Q T S
E S C R I B E S D C O F H N O
F D J G L I N O E O U M K E L
P B O U G H T P F U T W R T D
R T V Y Q T E A Z P C S B T X
I H D O H M L J S F R P L A V
E K I G E Q P N U W R A G Y T
S A U X I C M O H E L Z Y R G
T O F B J N E Y D K R P M E Q
S E V E I H T F O N E D S V R
```

Puzzle #1

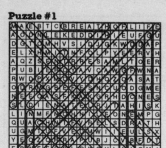

Puzzle #2

Puzzle #3

Puzzle #4

Puzzle #5

Puzzle #6

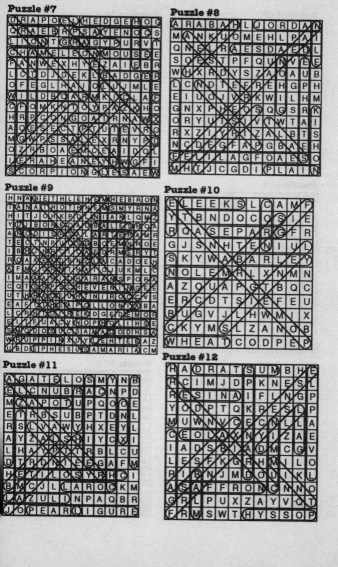

Puzzle #7

```
D R A P O E L H E D G E H O G
C R A E B R P S A Y E N C C S
L I O N T G R A G Y P U R V T
C H A M E L E O N M O U S B E
F A N W E X H Y E Z A I E B R
L C T D J D E K L B A D G E R
C F E G L H A A O C U L M L E
W I L D B C A E M K U C L A F
C F O M K N D O V P A J X H O
H R P C O N G O A T R N A W X
A O E S E C T O T U T E V R O
M G W P S S A X E X R N Y P U
O Z R B O A E M C E A I D O L
L E R A B E A N E Y H W G F I
S C O R P I O N G L E S A E W
```

Puzzle #8

```
A R A B A H L J O R D A N
M A N K U O M E H L P A I
Q N E L R A E S D A E D L
S O E S T P F Q U N V E E
W H X R D Y S Z A O A U B
L C N D T E F R E H G P H
E I U O J V R K W I L H M
G N X P H E O S Q G S R K
O R Y U T S V T W T A I I
R X Z I R R Z A L B T S S
N C D E G F A P G B A E H
F E L I L A G F O A E S O
M H T J C G D I P L A I N
```

Puzzle #9

```
H N A B E T H L E H E M H E B R O N
T A N A T H O T I R N E V S M Y R N A
H I T J O H K P C L N I A D L C M Z
Y O U B O N E O B A L E S P O A
A N O D I S A G L A R T E P A M R
T E C T N P L S C B C E M N R O E
I B O A S I T E D A E D C R M E R Y
R C A A B S X I Z A C A D C E H
A F M O I C O T H A A O J U K M L C
I M A A I X E H A R A E S P O R A
C Q T G E P S C H E V E M N C E E
U T H O X X E U H N Y N I R O C C V S
E A F Y O G E X P C L L O N X B A
L C P H D O N E E D G E D E M O E
E I F U A C V N O P C O L I H S E
S M O O O S L C S A M A O O D H S A
W R U P P I N X U Y C E H T E B A Z
U B D E P H E S U S A M A R I A C M
```

Puzzle #10

```
E L E E K S L C A M F
Y T B N D O C O S I E
R Q A S E P A R G F R
G J S N H T E N I U L
S K Y W A B A R L E Y
N O L E M R L X N M N
A Z O U A P G T B Q C
E R C D T S I E F E U
B U G V J L H W M I X
C K Y M S L Z A N O B
W H E A T C O D P E P
```

Puzzle #11

```
A G A T E L O S M Y N B
E L C N U B R A C N P D
M A P O T U P Q O O E
E T R B S U B P T D N L
R S L V A W Y H X E Y L
A Y Z A O S R I Y C X I
L H A X P I T R B L C U
D T R D N Y E E G A F M
H E T I L O S Y R H C I
B M C J L L A R O C K M
L A Z U L I N P A Q B R
J O P E A R L I G U R E
```

Puzzle #12

```
H A D R A T S U M B H E
R C I M J D P K N E S L
R E S I N A I F L N G P
Y O D P T Q K R E S L P
M U W N V C E C N L L A
C E O L X A N Y I Z A E
I A D S B X A D M C G V
L E S F K G R H M I L O
R I B N J M D O U I K L
A S A F F R O N C N N O
G R L P U X Z A Y V Q T
F R M S W T H Y S S O P
```

Puzzle #13

```
R A L L I P R E T A C
H E B E E L M S F N R
O C P O Q I U P L R I
R S E P T C U W E Y C
N V X P C E M L A L K
E U A L L H T O Z F E
T W O R M E S B T C T
D G A H E S S E H F
J N K B L O M R A N P
T P A L M E R W O R M
T A N G Q S U T R H G
```

Puzzle #14

```
A G A B U S U A L E H C R A
A B A T H A R M A R M A H
R A S H A J I N O D A L A C A
O H M A T H A L L A P S N H Z
N I O S L O A N D R E W P I I
S J G U A O R A B A D A Q P A
E A E E N O M A C A S C L P O
R N H R D O S A A M E Q U C
N D U S Z U I V O F L P S E
E A E S I E G A X E H Q L
X S B U S O T R I O H B S J E
A A A U R T K S U A A V L M
T M G N A N W Z A H A O R P I
R U X A N I A S Y A Z B H
A R I S T A R C H U S A N N A
```

Puzzle #15

```
B A R T I M A E U S A
E A H S A A B L B M C
L N R D O E O P F A Q
S S G T R H A S B I T
H A J U H K Z E A V L
A B W M X O H N L Y K
Z A O Z P S L B A Q A
Z N C R H D S O A E R
A R U T F T G V M I A
R A A N I M A J N E B
W B A R R A B A S B W
```

Puzzle #16

```
L C A I A P H A S
C C A E S A R U A
A M A H P N I O P
R I G L J L K R O
P L S N E M T O E
U P U N Q B V N L
S U R Y C R W I C
X O S Y T Z U A B
C R I S P U S C V
```

Puzzle #17

```
B D L C D A V I D
M E E D O E N E R
P L F B Q G M R U
D I S H C E T I S
O L J U R K V I
R A L R W M A X L
C H I D A N Y H L
A U Z N A P B O A
S Q L E I N A D C
```

Puzzle #18

```
E L A M E U T H C H U S
L B S O N E R A S T U S
A C E Z E K I E L T D A
H F E D G A H S I L E R
T E S A M C B D H E I H
E L T A X O C U L M P
B E H N X L N J I D A
A A E H O E A J L P
S Z R P M C O R C A E C
I F A N E F H U G H S
L R E V E P L B O A R
E L I M E L E C H P U A
```

Puzzle #19

Puzzle #20

Puzzle #21

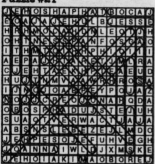

Puzzle #22

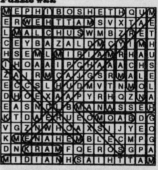

Puzzle #23

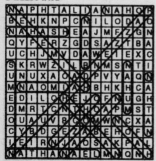

Puzzle #24

Puzzle #25

```
T I R H A K A H L T
I S T I M A E U S A
G M U U B H N U P M
L V B E N C M I O A
A D A W A I O J T R
T E L P I D X K E S
H Y M P L Q D F R U
T H O M A S R A A T
S R Z G T E B A H I
T I M O T H Y T A T
```

Puzzle #26

```
Z E C H A R I A H R E H C A Z
E E O D B A Z N U L U B E Z E
D A G L Z N Y C E G S L P S B
E I U U A B O A X Z A Z A A U
K R H B B C B O P I H A R O Z
I M C E B Q R O Z P K H Z A
A I C Z A A X Z I P P O R A H
C Z A Z U H F B B R E A D Z A A
A G Z S C B I R E M N A Q V I
I H Z A H A M D H L C Z T A N
D A Z I U C E Z A L M U N N A
A R O U B B A Z J V L R D J H
B E K W E Z E B I N A E N N P
E Z F Z Z A B A D L X Z K O Z E
Z A C C H A E U S M U T T A Z
```

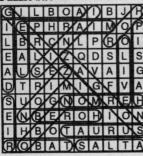

Puzzle #27

```
G I L B O A I B J H
I E P H R A I M O P
L B R C N L P R O I
E A L I C Q D S L S
A L S E Z A V A I G
D T R I M I G F V A
S U O G N O M R E H
E N B E R O H I O N
I H B O T A U R U S
R O B A T S A L T A
```

Puzzle #28

```
H D C I T H E R N
Y A O L M E T A S
R F R N Y U G L A
E O N P G R A E V
T H E W O B E R P
L U T E M I Q B X
A J P Y R Y B M D
S I C S K C E I Z
P T E P M U R T L
```

Puzzle #29

```
H E M L O C K D A
S E Y E R M T N T
U F R N U X N S H
R O T I S E G U I
L H L P H U Y R S
U Q E V I P Z Y T
B J B R O O M P L
O D R U O C K R A E
L S W A X C B P C
```

Puzzle #30

```
W I L L O W K A C O C B O
A C A C A L G Y H L I
B A L S A M I P E I L
N E V C O E R O A S E Z
S O B N C E G S M T T W
Y J C O S X T P U N P H
C U Q S N E X L U I A
A N M Y R Y R V B T N T
M I L H T N I B E R E T
I P A C C E D A C L S I
N E P L A N E T R I M H
E R O M A C Y S Y U F S
```

Puzzle #31

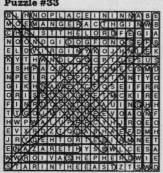

```
L E T H E C H A R
E O C O R A B J E
K T G B R A N I M
E I A X E O C H O
H B G I X K T D R
S U F A E A A H E
F C S H B N P I M
K S E A H G T N O
I H L K E P H A H
```

Puzzle #32

```
B N N E T Y Y E A R S O L D
V F C E Y I M T N C I D K L W
P G F S N A T N A N E V O C D
B I O E V L E Y X J S M H L
W J N F O R U A P R U Z B O
M O T H E R O F N A T I O N S
E T H C G D M B E U S D L C Y
O K E S O R F Y Q G H K D H A
N R S I H X D M W H J D A L D
H O P A Z E C R Q T V E G U T
A Y R W R L P E C E S N E B H
R B I D C A A S I R D A R H G
A X N F Z X E I E V T E G J I
S U G C H I L D G R E W C A E
H T S A E F T A E R G D G K A
```

Puzzle #33

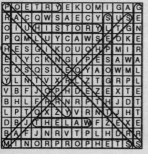

```
B L R N O P L A C E I N I N N A B E
M O E M A N G E R A C T H G I N W B
C H R I S T I T H E L O R D F E G I A
N O O N D G I O O G F O N O C S F B
E L D N I R G I D V R O J H N L E K
K Y T H W N O L O G G C P T O F S U S
I S H P A C K R O O C E C S M D
N P E I R O N S P L I N O N T Y O
G I K H A V E C H O S E I F R R
O R I S B O O R G E R M C K I R E
F I N F O O S N O O N A U I N G H
T T G C O I R B E E V O A O N F
H W P W L A R G O N I H I R C E O
E V X R D Z T C O O B A R E D M H
J R Y O E H T O R T E B N B M N E T
E N A Z A R E T B Y S B W L C E S A
W W G O I V A S H E P H E R D O W I E
S T A R I N T H E E A S T Z T S W D
```

Puzzle #34

```
S H T N O M E E R H T D I H K R
U T S Q O L A M T N E S G M E E
R W O Y A E V C G I K N O T D V
M I S O U Q R E T S I J S H O L I
W C V Y K E K F L Y M G I A I R
S O U E O P W A R U C Y S H E
E G T K R E I C M A X W I E C H
H O E Q U S X O D A E W S Y T
S X K Z C A B X Y G B R S R L T
U V S A W T H E O R B N U D A
R F A E J O L G I P N E H N C E
L N B T A X B D Z N V H R P O H
U A V R X B F J L H D N Z C T
B Z A B F J N P T R L H U M X A
V H C T I P D N A N E M U T I B
P T R E E D S P N R F E T C H L
```

Puzzle #35

```
P O E T R Y E K O M I G A G
R A C Q W S A E C Y S U S E
O I U H I S T O R Y L T G N
P Q M L U Y C A W S E O K E
H E S G I K O U C H P M I R
E I Y C K N G I P E S A W A
C O S Q S U E O Y A O W M L
V L N T V X R L Z T G R P L
V B F J C P H D E Z E X T E
B H L F R R N R P T H J D T
L P T Q X Z V V R N T J H T
D B J T H E L A W F Z E X E
B A F J N R V T P L H D R R
M I N O R P R O P H E T S S
```

Puzzle #36

```
U I M O T H Y N T P P E T E R
Z H F H I W V B R D X N H O J
E J E N T R E V T P O L P P A
P A G S U E C H K I M O H I M
H Q S W S Y U A X E C I I G E
E J N T L A P A R I N L Y S
S N A I T A X A C E A E I G N
I A H Z J E M M O V S C M P I A
A W D F V L B O O K N P X I
N K O E M J N A S I M O I U S
S O R R B U D M F C H A Z A X S
R C T D V O N P L U R N N J O
B K E B R E W S D F K N S U L
Y N A E C Q A C T S Q B K G O
S U W O S N A I H T N I R O C
```

Puzzle #37

Puzzle #38

Puzzle #39

Puzzle #40

Puzzle #41

Puzzle #42